사랑하는

_____에게

사랑하는 데이빗 삼촌께.
처음부터 그랬고 앞으로도 제 삶의 특별한 부분을 차지하실
삼촌과 페이지에게 사랑을 드립니다.
― K. B.

가장 최근에 다가온 작은 축복 에밀리아, 언제나 사랑해.
― E. K.

Who made the World?

Copyright ⓒ 2002 by Kathleen Long Bostrom
Illustrations copyright ⓒ 2002 by Elena Kucharik
All rights reserved.

Little Blessings is a registered trademark of Tyndale House Publishers, Inc.
Little Blessings characters are a trademark of Elena Kucharik.

Korean translation copyright ⓒ 2022 by Togijangi Publishing House
2F, 71-1 Donggyo-ro, Mapogu, Seoul, Korea

This Korean edition is published by arrangement with Tyndale House Publishers, Inc.(351 Executive Drive Carol Stream, IL 60188 USA)

본 저작물의 한국어판 저작권은 Tyndale House Publishers, Inc.와의 독점 계약으로 '도서출판 토기장이'가 소유합니다. 저작권법에 의하여 한국 내에서 보호를 받는 저작물이므로 무단 전재와 무단 복제를 금합니다.

특별한 표기가 없는 모든 성경 구절은 새번역 성경을 인용한 것입니다.

세상은 누가 만들었나요?

캐슬린 롱 보스트롬 글 • 엘레나 쿠체릭 그림 • 전나리 옮김

세상은 참 예뻐요!
볼 것도 정말 많아요.
무지개! 강! 꽃! 나무!

The world is so pretty!
There's so much to see.
A rainbow! A river!
A flower! A tree!

그럼 이 세상은 누가 만들었을까요?
하나님, 제 생각엔 하나님이 만드신 것 같아요.
도와주는 분이 계셨어요?
그렇다면 누가 도와줬는지도 얘기해 주세요!

So who made the world?
God, I think it was you.
Did you have a helper?
If so, tell me who!

제일 처음에, 또 제일 나중에
만드신 건 뭐예요?
손가락을 탁 팅겨서
순식간에 만드셨나요?

What was the first thing
you made, and the last?
Did you snap your fingers
to make it go fast?

정말 바쁘셨을 것 같아요.
얼마나 오래 걸리셨어요?
밤에는 주무셨나요?
아니면 계속 깨어 계셨어요?

You must have been busy—
how long did it take?
At night, did you sleep?
Did you stay wide awake?

무엇이 제일 힘들고
무엇이 제일 재미있으셨어요?
식물을 만들 때예요,
별을 만들 때예요,
아니면 사람을 만들 때예요?

What was the hardest,
and what was most fun?
The plants or the stars
or the people—which one?

혹시 모든 걸 다시 만든다면,
그때 하셨던 것과 같이
세상을 만드실 건가요?

If you had it all to do over again,
would you make the world
as you did way back then?

그렇게 멋진 재료로
세상을 만든 하나님께
아무리 감사해도
모자랄 거예요.

How can I ever
say thank you enough
for making a world
with such wonderful stuff?

계속 알고 싶었던
마지막 질문이 하나 있어요.
하나님이 이 모든 것을 만드셨다면,
그럼 하나님은 누가 만드셨어요?

One final question
I'm puzzling through:
If you made it all,
well, then, God—who made you?

참 좋은 질문을 했어요.
정말 똑똑한 친구군요!
이제 성경을 펼쳐 보세요.
성경의 첫 부분을 보면, 여러분이 궁금했던
질문에 대한 답이 나와 있어요.
그리고 페이지를 넘겨 봐요.
이제 하나님이 말씀하실 차례랍니다!

You've asked some great questions—
you sound very smart!
Now open your Bible. See there, at the start,
are some of the answers to questions you seek.
And now, turn the page—it is God's turn to speak!

믿기 어려울 거야.
살아있는 것은
오직 나(하나님)밖에 없던
때가 있었다는걸.

It's hard to believe
that there ever could be
a time when the only one
living was me.

하지만 태초에, 그 옛날 옛적에,
성령님과 예수님도 함께하며
각자의 일을 맡았단다.

Yet in the beginning,
way back at the start,
the Spirit and Jesus
were there, taking part.

나는 주위를 둘러봤어.
텅 비어 있고 어두운 상태였지.
그때 나에게 생각이 하나 떠올랐단다.
마치 빛처럼, 불꽃처럼 말이지.

I looked all around;
it was empty and dark.
I had an idea—
just a glimmer, a spark.

나는 심호흡을 하고 나서 말했어.
"빛이 있으라!"
그렇게 낮과 밤이 처음 시작되었단다.

I took a deep breath
and said, "Let there be light!"
That's how it first started:
with day and with night.

나는 계속해서
하늘과 바다를 만들고,
풀과 꽃과 나무로
땅을 가득 채웠어.

On I continued
with sky and the seas,
land filled with grasses
and flowers and trees.

그리고 계절과
태양과 달이 생겼어.
물고기와
지저귀는 새들도 생겼지.

Then came the seasons,
the sun and the moon.
Fish and then birds,
with their chirp-chirping tune.

그다음에 여러 종류의
생명을 만들었단다.
동그란 점이 있는 판다부터
줄무늬가 있는 얼룩말까지!

Next, I made creatures
of all different types,
from polka-dot pandas
to zebras with stripes!

며칠이 흐르고,
눈 깜짝할 새에 다 완성되었어!
하지만 생각했지.
아직은 끝낼 때가 아니라고….

The days rolled along,
and then lickety-split—
I'm finished! I thought,
but before I could quit...

뭔가가 빠져 있었거든.
너와 같은 사람을 만들기 전까지
다 끝냈다고 할 수 없었던 거야.

Something was missing;
I could not be through
until I created
the people—like you!

사람은 정말 특별하단다!
얼마나 특별할까?
그 특별함의 비밀은 바로
나의 형상을 따라
만들어졌다는 것이란다.

People are special!
How so? Here's the key:
people are made
in the image of me!

너는 생각할 수 있고
꿈도 꾸고 느낄 수 있지.
내가 정말 실제로 있다는 것을
믿을 수도 있어.

You can think thoughts.
You can dream; you can feel.
You can believe
that I'm truly for real!

다 만드는 데 며칠이 걸렸을까?
단 6일밖에 걸리지 않았어!
나는 마법이나 어떤 마술도
필요하지 않단다.

How many days
did it take me? Just six!
I did not need magic
or use any tricks.

나는 결코 잠을 잘 필요가 없지만,
분명 쉬기는 했지.
물론 일을 다 끝내고 나서 말이야.
나는 최선을 다해서 일을 했단다!

I never need sleep,
but I did take a rest.
Yet not till I finished—
I gave it my best!

어떤 것도 어려운 일은 없었지.
모든 순간이 즐거웠어.
나는 이 모든 세상을 사랑한단다!
그리고 그 안에 있는 모든 것을 사랑해!

Nothing was hard;
I enjoyed every minute.
I love the whole world!
I love everything in it!

다시 그때로 돌아가도
나는 단 하나도 바꾸지 않을 거야.
하지만 앞으로 너의 미래에
어떤 일이 펼쳐질지 기다려 보렴.

If I could go back,
I would not change a thing.
But wait till you see
what the future will bring!

모든 세계는 새것처럼
반짝반짝 빛날 거야!
지구는 내 집이 될 것이고,
그곳에서 나는 너와 함께 살 거란다!

All of creation
will sparkle like new.
My home will be earth,
and I'll live there, with you!

나에게 감사할 수 있는
가장 좋은 방법은 무엇일까?
이렇게 하면 좋겠다.
노래하고 행복하게 지내렴!
매일매일을 즐겁게 살아가렴.

The best way to thank me?
Here's a good way:
Sing and be happy!
Enjoy every day.

네가 만나는 사람들에게
늘 친절하게 대해 주렴.
쓰레기를 버리지 말고
이 세상을 깨끗하게 지켜 주렴.

Always be kind
to the people you meet.
Don't ever litter,
and keep the world neat.

내가 어디에서 왔냐고 물었지?
그것은 설명하기가 어려워.
모든 걸 다 이야기해 주려고 했는데도
몇 가지 질문은 남아 있구나.

Where do I come from?
It's hard to explain.
When all's said and done,
a few questions remain.

지금 내가 얘기해 줄 수 있는 것은
아무도 나를 만들지 않았다는 거야.
나는 영원토록 이곳에 있었고
앞으로도 영원히 있을 거란다.

All I can say is that
no one made me.
I've been here forever
and always will be.

살아있는 모든 것을
내가 만들었지만,
참으로 네가 없는 세상은
상상조차 할 수 없구나!

Although I made
everything living, it's true,
I cannot imagine
the world without you!

성경 참고 구절

아이와 책을 읽을 때 함께 얘기할 수 있는 성경 구절을 소개합니다. 다음의 말씀을 읽으며 성경을 펼쳐 보세요. 이를 통해 아이는 책에 나온 답이 바로 하나님의 말씀, 곧 성경에서 온 것임을 보다 잘 이해할 수 있을 것입니다.

믿기 어려울 거야.
살아있는 것은 오직 나밖에 없던 때가 있었다는걸.

권능으로 땅을 만드시고, 지혜로 땅덩어리를 고정시키시고, 명철로 하늘을 펼치신 분은 주님이시다. 렘 10:12

한 마디 주님의 말씀으로 모든 것이 생기고, 주님의 명령 한 마디로 모든 것이 견고하게 제자리를 잡았다. 시 33:9

하지만 태초에, 그 옛날 옛적에,
성령님과 예수님도 함께하며 각자의 일을 맡았단다.

하나님의 영은 물 위에 움직이고 계셨다. 창 1:2

태초에 '말씀'이 계셨다. 그 '말씀'은 하나님과 함께 계셨다. 그 '말씀'은 하나님이셨다. 그는 태초에 하나님과 함께 계셨다. 모든 것이 그로 말미암아 창조되었으니, 그가 없이 창조된 것은 하나도 없다. 요 1:1-3

나는 주위를 둘러봤어. 텅 비어 있고 어두운 상태였지.
그때 나에게 생각이 하나 떠올랐단다.
마치 빛처럼, 불꽃처럼 말이지.

땅이 혼돈하고 공허하며, 어둠이 깊음 위에 있고, 하나님의 영은 물 위에 움직이고 계셨다. 창 1:2

나는 심호흡을 하고 나서 말했어. "빛이 있으라!"
그렇게 낮과 밤이 처음 시작되었단다.

하나님이 말씀하시기를 "빛이 생겨라" 하시니, 빛이 생겼다. 그 빛이 하나님 보시기에 좋았다. 하나님이 빛과 어둠을 나누셔서, 빛을 낮이라고 하시고, 어둠을 밤이라고 하셨다. 창 1:3-5

주님은 말씀으로 하늘을 지으시고, 입김으로 모든 별을 만드셨다. 시 33:6

나는 계속해서 하늘과 바다를 만들고,
풀과 꽃과 나무로 땅을 가득 채웠어.

하나님이 창공을 하늘이라고 하셨다. 저녁이 되고 아침이 되니, 이튿날이 지났다. 창 1:8

하나님이 뭍을 땅이라고 하시고, 모인 물을 바다라고 하셨다. 하나님 보시기에 좋았다. 하나님이 말씀하시기를 "땅은 푸른 움을 돋아나게 하여라. 씨를 맺는 식물과 씨 있는 열매를 맺는 나무가 그 종류대로 땅 위에서 돋아나게 하여라" 하시니, 그대로 되었다. 창 1:10-11

그리고 계절과 태양과 달이 생겼어.
물고기와 지저귀는 새들도 생겼지.

하나님이 말씀하시기를 "하늘 창공에 빛나는 것들이 생겨서, 낮과 밤을 가르고, 계절과 날과 해를 나타내는 표가 되어라." 창 1:14

하나님이 두 큰 빛을 만드시고, 둘 가운데서 큰 빛으로는 낮을 다스리게 하시고, 작은 빛으로는 밤을 다스리게 하셨다. 또 별들도 간드셨다. 창 1:16

하나님이 말씀하시기를 "물은 생물을 번성하게 하고, 새들은 땅 위 하늘 창공으로 날아다녀라" 하셨다. 창 1:20

그다음에 여러 종류의 생명을 만들었단다.
동그란 점이 있는 판다부터 줄무늬가 있는 얼룩말까지!

하나님이 말씀하시기를 "땅은 생물을 그 종류대로 내어라. 집짐승과 기어다니는 것과 들짐승을 그 종류대로 내어라" 하시니, 그대로 되었다. 창 1:24

며칠이 흐르고, 눈 깜짝할 새에 다 완성되었어!
하지만 생각했지. 아직은 끝낼 때가 아니라고….
뭔가가 빠져 있었거든.
너와 같은 사람을 만들기 전까지 다 끝냈다고 할 수 없었던 거야.

하나님이 말씀하시기를 "우리가 우리의 형상을 따라서, 우리의 모양대로 사람을 만들자." 창 1:26

사람은 정말 특별하단다! 얼마나 특별할까?
그 특별함의 비밀은 바로 나의 형상을 따라 만들어졌다는 것이란다.

하나님이 당신의 형상대로 사람을 창조하셨으니, 곧 하나님의 형상대로 사람을 창조하셨다. 하나님이 그들을 남자와 여자로 창조하셨다. 창 1:27

우리는 주님과 같은 모습으로 변화하여, 점점 더 큰 영광에 이르게 됩니다. 고후 3:18

너는 생각할 수 있고 꿈도 꾸고 느낄 수 있지.
내가 정말 실제로 있다는 것을 믿을 수도 있어.

네 마음을 다하고, 네 목숨을 다하고, 네 뜻을 다하고, 네 힘을 다하여, 너의 하나님이신 주님을 사랑하여라. 막 12:30

믿음은 바라는 것들의 확신이요, 보이지 않는 것들의 증거입니다. 히 11:1

나를 보지 않고도 믿는 사람은 복이 있다. 요 20:29

다 만드는 데 며칠이 걸렸을까?
단 6일밖에 걸리지 않았어!
나는 마법이나 어떤 마술도 필요하지 않단다.

내가 엿새 동안 하늘과 땅과 바다와 그 안에 있는 모든 것을 만들고 이렛날에는 쉬었기 때문이다. 출 20:11

믿음으로 우리는 세상이 하나님의 말씀으로 지어졌다는 것을 깨닫습니다. 보이는 것은 나타나 있는 것에서 된 것이 아닙니다. 히 11:3

나는 결코 잠을 잘 필요가 없지만, 분명 쉬기는 했지.
물론 일을 다 끝내고 나서 말이야.
나는 최선을 다해서 일을 했단다!

주님께서는, 네가 헛발을 디디지 않게 지켜 주신다. 너를 지키시느라 졸지도 않으신다. 시 121:3

하나님은 하시던 일을 엿샛날까지 다 마치시고, 이렛날에는 하시던 모든 일에서 손을 떼고 쉬셨다. 창 2:2

어떤 것도 어려운 일은 없었지. 모든 순간이 즐거웠어.
나는 이 모든 세상을 사랑한단다!
그리고 그 안에 있는 모든 것을 사랑해!

하나님이 손수 만드신 모든 것을 보시니, 보시기에 참 좋았다. 창 1:31

우리의 주님이신 하나님, 주님은 영광과 존귀와 권능을 받으시기에 합당하신 분이십니다. 주님께서 만물을 창조하셨으며, 만물은 주님의 뜻을 따라 생겨났고, 또 창조되었기 때문입니다. 계 4:11

다시 그때로 돌아가도 나는 단 하나도 바꾸지 않을 거야.
하지만 앞으로 너의 미래에 어떤 일이 펼쳐질지 기다려 보렴.

나는 새 하늘과 새 땅을 보았습니다. 이전의 하늘과 이전의 땅이 사라지고, 바다도 없어졌습니다. 계 21:1

모든 세계는 새것처럼 반짝반짝 빛날 거야!
지구는 내 집이 될 것이고, 그곳에서 나는 너와 함께 살 거란다!

보아라, 하나님의 집이 사람들 가운데 있다. 하나님이 그들과 함께 계실 것이요, 그들은 하나님의 백성이 될 것이다. 계 21:3

나에게 감사할 수 있는 가장 좋은 방법은 무엇일까?
이렇게 하면 좋겠다.
노래하고 행복하게 지내렴! 매일매일을 즐겁게 살아가렴.

새 노래로 주님께 노래하여라. 온 땅아, 주님께 노래하여라. 주님께 노래하며, 그 이름에 영광을 돌려라. 그의 구원을 날마다 전하여라. 시 96:1-2

네가 만나는 사람들에게 늘 친절하게 대해 주렴.
쓰레기를 버리지 말고 이 세상을 깨끗하게 지켜 주렴.

서로 친절히 대하며, 불쌍히 여기며 엡 4:32

너희가 사는 땅, 곧 내가 머물러 있는 이 땅을 더럽히지 말아라. 나 주가 이스라엘 자손과 더불어 함께 머물고 있다. 민 35:34

내가 어디에서 왔냐고 물었지? 그것은 설명하기가 어려워.
모든 걸 다 이야기해 주려고 했는데도 몇 가지 질문은 남아 있구나.

지금은 우리가 거울로 영상을 보듯이 희미하게 보지마는, 그 때에는 얼굴과 얼굴을 마주하여 볼 것입니다. 지금은 내가 부분밖에 알지 못하지마는, 그 때에는 하나님께서 나를 아신 것과 같이, 내가 온전히 알게 될 것입니다. 고전 13:12

지금 내가 얘기해 줄 수 있는 것은 아무도 나를 만들지 않았다는 거야.
나는 영원토록 이곳에 있었고 앞으로도 영원히 있을 거란다.

나는 … 곧 처음이며 마지막이요, 시작이며 끝이다. 계 22:13

그 아들은 보이지 않는 하나님의 형상이시요, 모든 피조물보다 먼저 나신 분이십니다. 만물이 그분 안에서 창조되었습니다. 하늘에 있는 것들과 땅에 있는 것들, 보이는 것들과 보이지 않는 것들, 왕권이나 주권이나 권력이나 권세나 할 것 없이, 모든 것이 그분으로 말미암아 창조되었고, 그분을 위하여 창조되었습니다. 골 1:15-16

살아있는 모든 것을 내가 만들었지만,
참으로 네가 없는 세상은 상상조차 할 수 없구나!

주님께서 손수 만드신 저 큰 하늘과 주님께서 친히 달아 놓으신 저 달과 별들을 내가 봅니다. 사람이 무엇이기에 주님께서 이렇기까지 생각하여 주시며, 사람의 아들이 무엇이기에 주님께서 이렇게까지 돌보아 주십니까? 주님께서는 그를 하나님보다 조금 못하게 하시고, 그에게 존귀하고 영화로운 왕관을 씌워 주셨습니다. 시 8:3-5

그분은 만물을 지으신 분이시요 렘 10:16

세상은 누가 만들었나요?

1판 1쇄 인쇄 2022년 6월 27일
1판 1쇄 발행 2022년 7월 1일

글	캐슬린 롱 보스트롬
그림	엘레나 쿠체릭
옮김	전나리
발행인	조애신
편집	이소연
디자인	임은미
마케팅	전필영, 고태석
경영지원	전두표

발행처	도서출판 토기장이
주소	서울시 마포구 동교로 71-1 신광빌딩 2F
출판등록	1998년 5월 29일 제1998-000070호
전화	02-3143-0400
팩스	0505-300-0646
이메일	tletter77@naver.com

ISBN 978-89-7782-470-6

- 이 책은 저작권 법에 따라 보호를 받는 저작물이므로 무단 전재와 므단 복제를 금합니다.
- 이 책의 전부 또는 일부를 이용하려면 반드시 저자와 도서출판 토기 장이의 동의를 받아야 합니다.

도서출판 토기장이는 생명 있는 책만 만듭니다.
"우리는 진흙이요 주는 토기장이시니 우리는 다 주의 손으로 지으신 것이니이다" (이사야 64:8)